AF602276

LA VIE
CONTEMPLATIVE
DES TROIS
MARIES
Dediee A LA
ROYNE
1616
MARIE CLEOPHE
MARIE SALOME
S. IACQVES.
S. SIMON.
S. IVDE.
A. PARIS.
Chez Michel
Niuelle, ruë S.t Iaques
aux Cygnes. & aux
Faucilles.
M.DC.XVI.
S. IACQVES.
S. IEHAN.

A
LA ROYNE.

ANNE de mon Roy chere Espouse,
Et mignōne de deux grāds Roys,
L'annonce-paix, l'Aurore douce
Tant desirée des François.
Tous ces beaux triomphes de ioye
Que ton peuple va esleuant,
Tu les engraue, & les enuoye
Rouller iusqu'au bout du Leuant.
Ces arcs-boutans dedans tes villes
A tes entrées preparez,
Font en paix les guerres ciuiles
Changer par leurs lauriers sacrez.

Ces Colosses & Pyramides
Rendent ton peuple humilié
A tes vertus, qui sont les guides
De l'amour dont tu l'as lié.
Ton nom luy est l'Entelechie
De son essence & mouuement :
Chassant la guerre ; est-ce pas vie
Que tu luy donne doucement ?
Tu sçais que ton peuple de Seine
Jaloux de l'heur & du pouuoir
Que Loire auoit, estoit en peine
Et impatient de te voir :
Et que Paris ta grande ville,
Par courriers & postes legers,
De mille inuentions fertile
T'addressoit semblables pensers.
Lors que la Pallas Polemique
De ses ruses nous deceuant,

Par sa viue voix fatidique
Nous mõstroit vn Mars foudroyãt
Par trop seuere & dommageable,
Ardent & fort impetueux,
Hardy, puissant, impitoyable,
Ayme-sang, & tout furieux.
Puis en se monstrant Politique,
Serenoit les yeux d'vn chascun
D'vn tẽps plus doux & pacifique,
Calme, fertil, & opportun.
Mais la diuine Pasithée
Qui toute la France traçoit,
Voyant ne s'enuoler Astrée,
Ains qu'en son trosne se plaçoit
Toute paisible & concordante,
Tenant sa balance en ses mains,
Rendoit d'vne grace attrayante
Pallas pitoyable aux humains.

Cette bien-veillante Charite
Sollicitée quelque-fois,
D'où tant de Couronnes de Myrte
Qu'elle iettoit ſur les François?
Elle prenoit toſt ſa volée,
Sa voix ne donnoit que le ſon
D'vne Paix, qui ſeroit baillée
Par la Royne ANNE en ſa ſaiſon.
O grande Royne, & vertueuſe,
Ce don de Paix venu d'en-haut
En ton ame deuotieuſe
A eſté tranſmis : car il faut
Que nous croyons que ta venuë
A faict vn miracle diuin,
Puis qu'vne armée eſt diſparuë
Tout ainſi qu'vn ombre ſoudain.
C'eſt pourquoy (ô grande Princeſſe)
Nous voyons tes Myrtes fleurir

Sur ces trophees d'allegresse
Que Pasithée a fait nourrir
Dans les Indes Orientalles
De ton pere Roy souuerain,
Bordans les Couronnes Royalles
De mon Roy, ton Espoux certain.
De nostre Paix tu as la gloire,
(O sang diuin des Empereurs)
Sans sang espandu ta victoire
Te rend eternelle en honneurs.
Ces Myrtes en sont le symbole,
Dont tes ayeux sont couronnez,
Qui ont de mordante parolle
Domté leurs peuples mutinez.
Qu'à iamais les François benissent
Ces Myrtes sacrez à ton los,
Et que tous tes peuples fleschissent
Soubs eux en eternel repos.

Que tous les nourrissons des Muses,
Et les Poëtes bien-disans,
Chantent de la guerre les ruses,
Et nostre Pithon figurans;
Qu'ils n'espargnent pas sa faconde,
Ny son doux ramage d'Estat:
Car apres son Roy sans seconde
Son soin pour la France combat.
Jamais Minerue ingenieuse
A sa Grece ne feit tant d'heur,
Que pour ta France industrieuse
Tu as faict, luy ostant l'horreur
D'vne guerre ciuile, ardente,
Embrouillée d'affections,
Insupportable, violente,
Par tes sainctes suasions.
Tu vois (ma Princesse) que celle
De qui tu porte mesme nom

Conduit tes pas, & te conseille,
Et est ton asseuré Guidon.
Qui par reflection diuine,
Que du grand Dieu elle reçoit,
Nourrit ta royalle poitrine
De son amour qu'elle conçoit.
Soit que son nom soit à la France,
Ou le tien son Phare luisant,
Ce nom qui faict sa deliurance,
Luy face son Dieu complaisant,
Benin, propice & fauorable
De l'innocence protecteur,
Et rende ton peuple ployable
Sous ton immortelle grandeur.
Ce nom de fatale rencontre,
Le tige & l'honneur de trois sœurs
Puisse bien ton peuple semondre
De rendre tousiours tels honneurs

A ton excellence Royale,
Qu'à ton heureuſe entrée il faict
D'vne affection cordiale,
Se comblant d'vn ayſe parfaict.
Ton nom porté par tout le monde
D'vn Royal cachet engraué,
La clef de la mere feconde
Du Sauueur qui nous a ſauué,
Soit cette plantureuſe terre
De tous les enfans d'Apollon,
Et qu'en cette Paix chaſſe guerre
Facent voler d'ANNE le nom.
Quoy que ie ſois de tous le moindre
Qui portent le Myrte Indien,
Si eſt-ce que ie veux atteindre
Cét Harpeur, Preſtre Thracien,
Tant celebré de docte plume,
Du Thebain & du Calabrois,

S'il peut façonner ſur l'enclume
Vn plus ſaint nom pour les Frãçois.
Ses outils, ſa forge, & ſes flammes
Cherchẽt ailleurs d'autres lauriers:
Des hõneurs d'Anne, et des trois Dames
Les François en ſoient les ouuriers.
LORS donc aſſis deſſus Parnaſſe,
Voyant de Piréne les eaux
Paſſer en France, & donner chaſſe
Vers les Pirenéens monceaux.
Je veis la Mnemoſyne mere,
Le threſor des arts maniant,
Iurer par ſon chef, qu'en pouſſiere
Seroit faict vn chemin frayant,
Perçant ces monts inhoſpitables
Sinueux, droicts, & ſourcillans,
Et qu'ils deuiendroient habitables
De peuples l'vn l'autre s'aymans.

Qu'alors ſur ces trauaux penibles
Ces eaux ſacrées ſe poſans,
La France & l'Ibere inuincibles
Rendroiẽt leurs amours biẽ-faiſãs.
Puis ceſte bien-veillante mere
Le grand Olympe reclamant
Diſoit ces mots: Il me faut faire
Vn Noſſage ſainct & puiſſant
D'vne courageuſe Athalente
Fille du Roy Iberien,
Et de ſon cher fils, qui d'attente
Eſt de ſon ſceptre le maintien.
O grand Monarque & magnanime,
Qui te fais le mieux obeir,
Ta grande ſageſſe m'anime
De toy ſouuent me ſouuenir:
Pour toy ie fais vn riche ouurage,
Ie te rends d'vn Prince amoureux,

Bien plus, ie te donne pour gage
Son amour, & l'enfant des Dieux
Un grand Roy, la Perle du monde,
A ta fille Espoux coniugal,
Et sa sœur Princesse seconde
A ton fils pour Hymen Royal.
Ces mots conceus en ceste sorte,
Ma plume les alloit traçant;
Car voyant si grande cohorte
Et assemblée s'enroollant
Aux desseins de la Pegaside,
Et vn mystere non humain,
I'entre dans l'Antre Parnasside
Mon papier & l'encre en la main.
Où me cachant dedans la musse
D'vn coin ombreux & reculé,
Mon destin voulut que ie fusse
En lieu propice & recelé.

Ie veis alors appareillées
Les Muses d'harmonieux chans
Chanter de chansons mesurées
Les Lys de mon Roy fleurissans:
Et sa ieunesse courageuse,
Religieuse aux saintes lois,
Et sa belle ame valeureuse
La viue image de nos Rois.
Puis des Espagnes la Princesse
Fut chantée par double rang:
ANNE des mortels la Deësse,
Et d'vn grand Roy le Royal sang,
Puisse-tu viure autant d'années
Que pourroient enserrer tes mains
De grains de sable. O ames nées
Pour dõner la paix aux humains!
Viuez toutes deux bien contentes,
Nous allons ouurir vos chemins

Par nos peines à nous plaiſantes,
Et par nos doux outils diuins.
Ces chants finis: L'actiue mere
S'embeſongnoit de contempler
L'vne apres l'autre ; de maniere
Qu'elle voit les vnes tailler
Les marbres rougeaſtres en pointe,
Plus durs que le plus cru metail
Qu'elles mouilloiẽt de trempe teinte
D'vn Marchaſite mineral ;
Les autres aux pierres quarrées,
A les ciſeler ſe plaiſoient,
Qui tant de couleurs bigarrées
De blãc, de noir, de vert montroiẽt:
Autres auſſi aux calamites
Induſtrieuſes paroiſſoient,
Car les eſſays des Porphirites
Au ſable & à l'eau ſe faiſoient.

Sur les calamites noiraſtres
Se iettoit certain Atrament,
Et ſur les autres plus blancheaſtres
Coup ſur coup l'huile lentement:
Ie voyois ces pierres aiguës
Tranchantes comme vn fer d'acier,
Et celles qui n'eſtoient pointuës,
Les marbres durs mollifier.
Ie ne voyois ne feu ne flamme
Pour faire leurs projections,
Bref il me ſembloit que mon ame
Reſvoit d'imaginations.
Mais lors que penſif d'vne ſorte
D'eſpreuue qu'on faict ſur le ſang
Des animaux, & ſur l'eau forte
Les metaux mettant en leur rang,
Dont on tire vne huile excellente,
Ie rendois mon ſens plus certain,

Et creu que la troupe ſçauante
Auoit de cet'huile ſans fin.
Que les deſſeins de la deeſſe
Peu à peu s'executeroyent,
Et les Muſes par leur addreſſe
Au bout de leur œuure viendroyẽt.
Ie veis les marques & meſures
Compaſſees eſgallement,
Leurs cartes & leurs portraitures
Du Leuant iuſqu'en l'Occident.
Ie veis leurs diſputes raillardes
De l'huile fixe & permanent,
Et la chaſſe que ces mignardes
Donnoyent à cet œuure excellent.
En fin laßé de tant eſcrire,
Apres auoir tout veu & ſçeu,
Secretement ie me retire
Sans auoir eſté recogneu.

Lors en publiant ce myſtere,
I'entẽds par tout vn bruit bruyãt
D'vn tumultueux populaire,
Que ie veis mon Roy beniſſant
En ſa pieté Chreſtienne,
Pour auoir d'amour le deſſein
D'ANNE Royale Iberienne,
Et porter ſon portrait au ſein.
I'accuſay lors l'impatience
Dont mon eſprit ſe trauailloit
En ces lieux, où l'art de ſcience
D'arts mecaniques s'embrouilloit
Par les fatales deſtinées,
Qui faiſoient rendre ce deuoir
Aux Muſes qui ſont ordonnées
A ſuiure des Roys le vouloir.
Cette ſoudaineté haſtiue
Artiſane d'vn vif regret,

Feit ma peine longue & tardiue
De n'auoir apprins le ſecret
De voir ces Deeſſes aiſlées
D'vn vol, les mers, terres & bois
Paſſer, & ſaiſir les pensées
De deux Roynes & de deux Rois :
Et cette immortelle ſemence
De deſirs par elles lancez
Dãs leurs peuples d'Eſpagne & Frãce
D'vn amour durable enlacez,
Et n'auoir veu l'eſiouïſſance
De leur ailé retour ioyeux,
Pour rechanter parmy la France
Mot à mot leurs chãts amoureux.
Ce regret me preſſe & conuie
D'vn deſir plus ambitieux
D'exciter auec plus d'enuie
Le fils d'Apollon tant fameux,

Pour repasser dessus sa Lyre
Ces chants de ioye doucereux :
Car ie veux chanter & redire
Le nom d'ANNE majestueux,
Et puis sur l'infiny sa race
Immortelle de tant d'ayeux,
Qui auront la premiere place
Apres mes Roys victorieux.
Cette Deesse la memoire
Mere des Muses qui souffrit
Qu'en Parnasse i'eusse la gloire
De voir son mystere, me rit ;
Et fauorisant mon audace,
Enfle ma Muse, hausse mon chant,
Et d'encre coulante me trace
D'Austriche le nom triomphant.
Voicy ses mots : Enfant des Muses,
Ie te fais veoir par ce crayon

Ce que tu cherche, & ne t'amuses
Qu'à veoir de ta nef ton patron:
Dis luy que sa faueur Royale
Où il luy plaist porte le vent
Et que ta nef luy est loyale
Qui va voguer dans l'Occident,
Suiuie des traits de ta plume,
Afin de ne rien oublier,
Dis luy que son Phare rallume
Ses feux pour son nom publier.
Que tes escrits son sang illustre
Tireront d'eternelle nuit,
Qui paroistra de pareil lustre
Que le iour qui sur terre luit,
Pourueu que sa grace amiable
Flatte les Muses, & leurs chans
Qui d'vne plume perdurable
Combattent la mort & les ans.

Fais lors voir ces cœurs heroïques,
Les tiges de ſon ſang Royal,
Foudres de guerre magnifiques,
Regir l'Empire Martial.
Leurs combats ſuiuis de victoire,
Et tant de peuples abbatus,
Que leurs armes feront de gloire
Ployer cẽt Roys ſous eux vaincus.
Puis de loüange memorable
Ton Jlliade chantera
Ce grand Rodolphe redoutable
Qui triomphant ſubiuguera
Otocare Roy de Boëme,
Superbe & tant audacieux,
Qu'il le priu'ra de diadéme
Par rudes combats hazardeux.
Puis d'vn autre plus riche ouurage
Ta plume vn liure embellira,

Lors que d'Albert Prince tres-ſage
Les faicts & vertus chantera.
Et pour ſes ſuiuans tes volumes
De leurs loüanges s'enfleront:
Ce que peuuent les doctes plumes
Tes vers ne leur refuſeront.
De race en race, & d'âge en âge
Tu rendras ces Princes viuans,
Et leurs propos donnans courage
Aux Soldats les Turcs combatans.
Tu ſuiuras par mers la fortune
Qu'ils ont acquis comme Iaſon,
Tantoſt maraſtre & importune,
Puis fauorable en leur maiſon,
Tu auras en courbant ta voile
Sur le Danube tant d'objects,
Que tes eſcrits feront merueille
En ſi grand monde de ſubjects.

Car ce grand fleuue Germanique
Le milieu d'Austriche coupant,
A veu iusqu'en la mer Pontique
De ces Princes le fer tranchant.
Ses ondes bleües & cornuës
Rougies & teintes de sang
Par tant de batailles rendues
Leur donnent vn renom tresgrand.
Les faicts de ces diuines ames
Feront d'escrits si grand monceau,
Qu'à peine vn vaisseau de cët rames
En pourra porter le fardeau.
AINSI *la mere nourriciere*
De tels propos m'entretenant,
Me fauorisoit debonnaire
L'esprit: & mon cœur esleuant
Vers ta grandeur: (O ma Princesse)
Permets que l'inclinant destin

De ma

De ma Muse iamais ne cesse
De rendre vn hommage certain
A ton nom, & au sang d'Austriche:
Que i'entre Poëte facond
En ton Palais, pour sortir riche
De lauriers aux mains & au front.
Et qu'en cette ioye commune
De ton peuple son Dieu loüant
De ta venue, ma fortune
Sous ton sainct nom se consacrant
Viue contente & bien-heureuse
D'auoir tracé en t'attendant
D'vne plume deuotieuse
Ce nom de saincte ANNE, poussant
Les beaux fleurons des trois MARIES
Leur port, leurs gestes & deuis:
Et faict mes Muses asseruies
A toy, & à mon Roy LOVYS.

LA VIE CONTEMPLATIVE DES TROIS MARIES.

PVIS *que le Ciel chante la gloire*
Des trois MARIES, *& leur nom*
L'Eglise honore : ayons memoire
De leur faire nostre Oraison.
O *mes léures, soyez atteintes*
De donner chemin à ma vois,
Pour loüer des Dames si sainctes,
Aymées du grand Roy des Rois.

Mais auant qu'ouurir la carriere,
Et faire à ma Muse vn effort,
Cherchez cette essence premiere
D'esprits pour la conduire au port.
Voyez, mes yeux, la prouidence
Du grand Dieu Sanctificateur,
Sa toute-mouuante puissance,
Et le viuifiant Seigneur;
Et conduits d'esprit raisonnable,
Suiuez l'esprit de verité
Dans l'Eternité immuable,
Pour bannir toute vanité.
Esleue toy (ame pesante)
Du lourd & affaissé fardeau
De ce corps; Entre triomphante
Pour voir le riche & beau tableau
De ta memoire, l'architecte
Des images, & le tresor

De toutes choſes qu'elle appreſte,
Et fournit dans ſon celier d'or.
Et vous (ô grande intelligence)
Ne la deſdaignez, s'il vous plaiſt,
Luy departir en abondance ;
Car c'eſt de vous qu'elle ſe paiſt,
Et duquel ſe ſentant aymée,
En vous admirant en tout lieu,
A iamais ſa Muſe animée
S'immolera pour vous, mon Dieu,
Donnant à vos Sainčts des loüanges !
Auſſi comme premier moteur
Vous le commandez à vos Anges,
L'homme en eſt donc l'obſeruateur.
Jà ie voy mon ame eſlancée
Par la ſecrette abſtraction
De voſtre celeſte rosée,
Dans le ciel de deuotion.

Et jà la Trinité m'inspire
Mon curieux entendement
De chanter au son de ma Lyre
D'vn doux sonnant gazouillemẽt.
Trois sœurs en vn cœur enserrées
Tousiours presentes aux humains,
Et d'vn mesme nom assemblées,
De vœux pareils, pareils desseins.
Muse, en ce triple nom aymable,
Contemple ta felicité
Bastie d'vn subject loüable
Digne de la posterité,
Qui de siecle en siecle naissante,
Jnuoquant la saincte vnité
Des trois MARIES: bien-veillãte
Se rendra la diuinité.
Ces trois de Royalle lignée
De Dauid sont d'extraction:

Heureuse souche, & fortunée,
Fertile en benediction.
Tu sçais bien que la Prophetie
La verge de Jessé chanta
L'vne des trois, plus accomplie
Que iamais la terre porta,
Ce fut Marie: en la nature
Iamais Dieu ne rendit plus d'heur:
Car elle fut sa creature,
Et mere de son Createur.
Ses costez faicts le sanctuaire
Et le tabernacle de Dieu,
Qui n'a voulu trouuer pour mere
Pour no⁹ sauuer vn plus saint lieu.
A ceste tres-chaste & sacrée
Mere & Vierge Dieu ordonna
Deux personnes de sa lignée,
Et de mesme nom les nomma.

Marie Cleophé premiere
Eut trois Apostres du Sauueur,
Sainct Simon, & Iude son frere,
Et puis Sainct Iacques le mineur.
Marie Salomé fut l'autre,
Qui eut deux enfans ; l'vn nommé
Iacques le grand, qui fut Apostre;
Et l'autre Sainct Iean bien-aymé.
O compagnée bien-heureuse,
De vostre vnion Dieu autheur,
Qui la rend & fait amoureuse
De la Mere du Redempteur.
Vous suiuez de prés cette eschelle
De Iacob, veuë de vos yeux ;
Vous sçauez (Dames) que c'est elle
Qui nous a fait monter aux cieux.
C'est l'ardent buisson de Moyse,
Lequel incessamment brusloit,

Et iugiez par ceste deuise,
Que iamais ne consumeroit.
Car quoy que vous sçeussiez (Maries)
Vostre sœur auoit enfanté,
Vous estiez deuëment aduerties
Qu'elle auoit sa virginité :
Sa virginité conseruée,
La parole fut faicte chair,
Et diuinement annoncée
A Ioseph pour n'en point douter.
Si Nature fut estonnée,
Encore plus l'Enfer le fut
D'entendre vne Vierge estre née
Sans peché pour nostre salut.
O quelle ioye fut donnée,
Quand sainct Jean Baptiste conta
Aux lymbes l'heureuse iournée
Que IESVS-CHRIST *elle enfanta.*

Si de ioye ces bonnes ames
Donnoient des loüanges aux Cieux,
Autant en faiſoient douces Dames
Vos cœurs, & vos mains, & vos yeux.
Combien de fois ſont vos entrailles
Eſmeuës de veoir ce grand Roy
Le Meſſie, Roy des batailles,
Tant de fois promis par la Loy?
Qui a voulu prenant naiſſance
D'vn corps humain ſe reueſtir,
Pour garder l'homme en ſon eſſẽce,
Et par ſa voix le conuertir;
Montrant par la faute commiſe
Du premier homme le chemin,
L'humilité l'ayant conquiſe
Pour ſauuer tout le genre humain.
O iour heureux, ouurant la porte
Pour monter au Ciel les mortels,

Leur preparant chemin,en ſorte
Qu'ils ont eſté faicts immortels.
Ma Muſe s'enfle de lieſſe
(O Dames)du doux ſouuenir
Qu'elle reçoit quand d'allegreſſe
Vous faiſiez d'Hymnes reſiouir
Cette toute diuine enfance,
Et chantiez de cét heureux iour
Les Cantiques d'eſiouïſſance
Que feiſtes toutes trois par tour.
Magnifie Dieu,ô mon ame,
Diſoit la Mere du Sauueur,
Et mon eſprit d'aiſe ſe paſme
En mon ſalutaire Seigneur,
Puis qu'il a cogneu ſon ancelle
En ſa profonde humilité:
Tous âges me preſcheront celle
Qui a porté la Deïté.

Celuy qui donne l'abondance
M'a fait des grands biens à foiſon,
Auſſi ſon ſainct nom d'excellence
Uit en moy par ſon action.

Sa miſericorde eſt donnée
A ceux qui craignẽt ſon ſaint nom,
De generation coulée
En autre generation.

Il a ceint ſon bras de puiſſance,
Et diſſipé les orgueilleux,
S'eſgarans en la iouïſſance
Et pensée de tous leurs vœux.

De leur ſiege il a fait deſcendre
Les puiſſans, & les a deſmis,
Et fait aux plus hauts lieux atteĩdre
Les humbles & les plus petits.

Ceux qui eſtoient pleins de famine
Ont eſté remplis de tous biens,

Et les riches pleins de ruine
A laißé vuides de moyens.
Il a receu par sa clemence
Israël pour son seruiteur,
De sa misericorde immense
Logeant son souuenir au cœur.
Tels propos eut la prouidence,
Lors qu'à nos Peres a parlé,
A Abraham, à sa semence
A iamais leur a reuelé.
Oyans les deux sœurs ce Cantique
Que la Vierge souuent chantoit,
Disoient le salut Angelique
Que leur cœur souuent repetoit:
A sçauoir, ô Mere de grace,
Nous vous saluons humblement,
Nostre Dieu luit en vostre face,
Et est en vous parfaitement:

Sur toutes femmes bien-heureuse,
De vostre ventre heureux le fruict
Duquel par vertu lumineuse
Est né vostre fils IESVS-CHRIST.
Marie Cleophée l'ancienne
Commença son Hymne suiuant,
Et de bons propos toute pleine
Parle à IESVS *ses mains leuant.*
O glorieux surgeon de gloire,
Et Verbe du Pere naissant,
Ayez tousiours de nous memoire,
Et nous aymez Sauueur puissant.
Receuez moy comme parante.
De vostre Mere que voila,
Et de vous vostre humble seruante,
Ie ne puis estre que cela.
Mes enfans vous feront seruice,
Je vous les consacre humblement,

O Sauueur, ſoyez leur propice,
Et les ſecourez puiſſamment.
Permettez que mes lévres touchent
Voſtre face mon doux Sauueur,
Mes larmes de ioye s'eſcoulent,
Puis que ie voy le Redempteur.
En eſſuyant des yeux ſes larmes,
Ceſte honneſte Dame excitoit
A ces deux ſœurs nouuelles flãmes
De s'eſiouyr, puis pourſuiuoit:
Beniſt ſoit d'Iſraël le Pere,
Le Dieu, & le Seigneur puiſſant,
Lequel deſirant luy complaire,
L'a viſité par cét enfant.
Noſtre redemption promiſe
Nous eſt donnée maintenant:
Viue la loy, viue Moyſe,
Viue Marie & ſon Enfant.

Marie Salomé contente
De pouuoir parler en ſon rang,
Feit bien voir par ſa lõgue attente
Que ſon Cantique ſeroit grand.
Elle donc s'eſtant proſternée
Auec humble adoration,
De contemplatiue pensée
Feit en ces mots ſon action.
Seigneur, voſtre ſaincte promeſſe
Se voit accomplie à preſent
Vous nous rempliſſez de lieſſe,
Et voſtre amour ſur nous deſcend.
Tout ainſi que l'Aigle s'addonne
A couuer ſes petits au nit,
Eſtendant ſes aiſles leur donne
De la paſture en pleine nuit.
De meſme auſſi, douceur immenſe,
Vous auez iuſqu'au plus petit

Soubs les aiſles de ſa puiſſance
Repeu voſtre peuple à minuict.

La Trinité par ſa lumiere
De ſon inuiſible lüeur
A fait eſtre Marie entiere,
En nous donnant le doux Sauueur.

Elle a retiré de la bouë
Son peuple ſur terre giſant,
Et pour ſien à iamais l'aduouë,
Aux Prophetes le prediſant.

Par Anne qui eſtoit ſterile,
Femme du pere Ioachin,
Faicte de nous Mere fertile,
S'eſt veu noſtre ſalut certain.

Le pere de Iean Zacharie
Ces iours paſſez nous le predit,
Ayant laiſsé ſa prophetie
De noſtre ſalut par eſcrit.

Simeon plus que centenaire
Se faisoit assez bien ouïr,
Quand il prophetisoit n'aguere
Qu'il verroit Christ auãt mourir:
Que sa mort estoit limitée
Iusqu'à la veuë du Sauueur,
Et son esperance arrestée
D'attendre le doux Redempteur.
Vous sçauez, ô Mere puissante,
Voyant l'Enfant ce qu'il disoit,
Et comme de voix triomphante
Dedans le Temple il predisoit.
Ses propos & paroles sainctes
Vostre esprit au cœur les logeoit;
Et comme vrayes & non feintes,
Ioseph l'Espoux les conceuoit.
C'est à ce coup que mon cœur vole
(Disoit-il) vers toy mon Seigneur,

Tu laiſſes ſelon ta parole
Aller en paix ton ſeruiteur:
Puis que mes yeux meuz d'eſperance
Ont veu ton ſalut preparé
A tous les peuples, d'aſſeurance
Je voy le monde reparé.
Seruant aux Gentils de memoire,
De lumiere, eſclarciſſement,
A ton peuple Iſraël de gloire,
Tel eſt ton doux aduenement.
Pluſtoſt ſoit ma langue attachée
A mon palais (mon doux IESVS)
Qu'à contempler ie ſois laſsée
Vos graces, faueurs & vertus.
Excuſez ma parole errante,
Si pour vn tant diuin obiect
Elle n'eſt pas ſi bien diſante
Pour s'exprimer ſur ce ſubiect.

De vostre amour suis animée,
(O mon tres-souuerain Seigneur)
De vostre presence enflammée
Je tire la voix de mon cœur.
Permettez donc que ie m'acquitte
De partie de mon deuoir,
Et que de vostre main conduitte
Je face champ à mon vouloir.
Or puis que tous les bons Prophetes
Et Heraults vous ont annoncé
Par signes plus que manifestes
Pour Sauueur, & l'ont denoncé:
Ie voy pour comble de loüanges
Que vostre nom sera si grand,
Que toutes nations estranges
Vous beniront en vous montrant.
Les Roys ont desia fait leur course
En signe de submission,

Parce que vous estes la ſource
De vie & de redemption :
Ils ont apporté pour hommage
De l'Orient riches preſens,
Et de leur foy pour teſmoignage
Donné de l'Or, Mirrhe, & Encens.
Les Pasteurs oyans que les Anges
Chantoiẽt voſtre gloire, & la paix,
En vous adorant, de loüanges
Rempliſſoient le ciel de leur voix.
Et moy ſi faut-il que ie face
Pour vous reclamer mon effort,
Et que d'amour ie les ſurpaſſe,
Puis qu'ẽ vous eſt ma vie & mort.
Je vous ſuis donc pauure ſubjecte;
Parente à voſtre humanité :
J'ay mon cœur & mon ame droitte
Que i'offre à voſtre Deïté.

Mon corps, mes ſens, & mes pensées,
Mes paroles, & mon conſeil,
Mes œuures vous ſont addreſſées
Cõme à ſon tout vray Dieu du ciel.
Mes enfans, tout le plus cher gage
De mon chaſte lict & Eſpoux,
Ie les vous voüe, & les engage
Soubs voſtre nom qui eſt ſi doux.
Ces dons receus par l'excellence
De vous (mõ Dieu) que ie vous fais,
Par l'effect de voſtre influence
Me rendront heureuſe à iamais.
De tels ou ſemblables Cantiques
Les trois Maries diſcouroient,
Et ſouuent des voix Prophetiques
L'enfant IESVS entretenoient.
Aux occaſions, entre-veues,
Et rencontres ſe ſalüans,

Touſiours leurs bouches ſont eſmeues
De parler des mœurs des enfans.

La mere aſſeuroit cette enfance
Croiſtre en doctrine & grãd ſçauoir,
Et ſurpaſſer d'adoleſcence,
Et d'âge viril le pouuoir.

L'vne des ſœurs diſoit n'agueres
L'auoir veu des Rabins aymé
Diſputant de toutes matieres,
Et ſur tous le plus eſtimé.

L'autre diſoit, allons, peut eſtre
Qu'au ſainct Tẽple nous trouuerõs
IESVS, comme Docteur paroiſtre,
Et que là le veoir nous pourrons.

Ainſi ces vertueuſes Dames
S'excitoient en ſe viſitant
L'vne à l'autre nouuelles flammes,
Cõme vn feu va l'autre embraſãt.

Mais comme ſa bonté ſupréme
Fut venue à l'âge parfait,
Eut vn ſoin de l'amour extréme,
Et des vœux qu'elles auoient faict,
Leurs prieres furent portées
Deuant Dieu *le Pere eternel,*
Et *furent en ſorte exaucées*
Que le tout fut conclud au ciel,
Tellement que l'heure venue
Que Iesvs *voulut faire veoir*
Sa *toute puiſſance incogneue,*
Et de ſon pere le vouloir.
Pour l'accomplir feit des miracles,
Sourds & malades gueriſſant,
Des *poſſedez chaſſant les Diables,*
Et *aux morts la vie donnant.*
Ces choſes par tout diuulguées
Saiſirent le cœur de pluſieurs,

Et

Et plaiſoient beaucoup racontées
Aux trois Maries les trois ſœurs.
Pluſieurs inſtruits par ſa doctrine,
Pour l'eſcouter l'alloient chercher,
Touchez de la vertu diuine,
Quittoiēt leurs biēs pour l'approcher.
Or cette excellence celeſte
Voulant ſon Egliſe baſtir,
Inſenſiblement ſes yeux jette
Sur ceux qu'il luy plaiſt de benir:
Et ſur les ames mieux nourries
Choiſit pour ſes eſleuz aymez
Les chers enfans des deux Maries,
Qui luy auoient eſté voüez.
(L'on voit l'exemple icy qu'il donne
Aux Meres, & combien puiſſans
Sont leurs vœux: car il n'abandōne
Leurs prieres pour leurs enfans.)

Pour conſeruer ſes loix entieres
Il les falloit fructifier,
Et comme ſainctes pepinieres
Les deſiroit multiplier.

Auſſi toſt la voix prononcée
Suiuez, & venez apres moy,
Ils eurent leur ame inſpirée
D'*annoncer & preſcher ſa loy.*

Ils furent faits peſcheurs des hommes,
N'agueres de poiſſons peſcheurs,
E*t fut ſur les douze perſonnes*
Pierre nommé chef des Preſcheurs.

Viuez contentes douces Meres,
D*e veoir vn college ſi ſainct,*
IESVS *l'amour de tous les Peres,*
A vos enfans, ſon amour joinct.

Vos enfans ſont faits la trompette
D*e la gloire & vertu de Dieu,*

Et cette puissance celeste
Fait qu'ils la preschẽt en tout lieu.
Ils suiuent cette voix faconde,
L'agneau de Dieu que Ieã mõtra,
Effaçant les pechez du monde,
Et que pour tel il declara.
Entre toutes ces ioyes grandes
Marie Salomé feit veoir
Combiẽ s'augmẽtoient ses demãdes
Enuers Dieu tentant son pouuoir.
Elle luy feit vne requeste
Pleine d'amour, au feu semblant;
Où plus de bois on y appreste
Et plus il croist, & se faict grand.
Sçauoir, que l'vn fut à sa dextre,
Ou Iean, ou Iacques ses enfans
Et l'autre mis à sa senestre
Lors qu'il seroit Roy des viuans.

Mais la presciente notice
Leur predit leur derniere fin,
Qu'il falloit boire son calice
Pour auoir son amour diuin.
Que sa parole estoit certaine,
Et son Royaume estoit des cieux,
Que leur gloire estoit pl⁹ que vaine
S'ils s'attendoient d'esperer mieux.
Que pour acquerir cette gloire
Mille tourmens ils souffriroient,
Et les lauriers de leur victoire
Par son bon pere ils receuroient.
Vous sçauez (Dames venerables)
Que tels propos de verité
Sont incogneus, imperceptibles,
Et conceuz dans l'eternité.
Qu'en ce tout que ce tout contemple,
Qui y respire, il n'y a rien

Tant plein de misere & d'exemple
Que l'homme & son corps terrien.
Et que nos miseres humaines
Donnent de diuers changemens:
Et nos pechez preuues certaines
D'aduersitez & d'accidens.
IESVS aussi logeant son estre
En ce corps seruil & humain,
Nous a faict à tous recognoistre
Que ce monde est tout incertain;
Et que ceux qui cherchent sa gloire
Sont doux, sont hũbles, & humains,
En leur donnant force & victoire
Pour les rendre à la fin diuins.
Mais quoy, ô Dames de clemence,
De peur, d'effroy ie suis pressé,
Quand ie contemple l'inconstance
De ce qui s'est depuis passé.

Qu'il falloit pour l'humain lignage
Que IESVS *ſouffrit paſſion,*
Et pour luy vos enfans outrage,
Voire la mort d'affection.
Et parce que mon impuiſſance
Ne peut auancer plus auant
Son diſcours ſur cette conſtance
Qu'auez eu ces mots conceuant.
Faictes que maintenant ma bouche
S'ouure à raconter le tourment
Qu'auez veu qu'vn peuple farouche
Leur a fait ſouffrir laſchement.
O IESVS *Sauueur de nos ames,*
Qui faictes les voix eſclatter,
Inſpirez au nom des trois Dames
Ma voix pour leur los exalter.
Ces Dames donc quelques années
Veufves de leurs marys eſtans,

S'estoient ensemble retirées
Pour voir plus souuẽt leurs enfans.
De leur saincte vie, & doctrine,
Et des miracles qu'ils faisoient,
Leurs vœux à la bonté diuine
De l'Eternel tousiours rendoient.
Cette celeste compagnée
De bons propos s'entretenoit,
De IESVS souuent honorée,
Qui plus le voyant plus l'aymoit.
Des maux & des douleurs extrémes
Souuent à ces Dames parloit
Du fils de l'homme, & de ses peines,
Que sa mere seule entendoit.
Iean le plus ieune des Disciples
Venant par fois les salüer,
Chãtoit du Sauueur des Cantiques,
Venu pour le monde sauuer.

Il leur repetoit le miracle
Qu'il feit par ſon Verbe diuin,
Lors que faute de vin à table
Il tranſmua de l'eau en vin.

Que de ſa parole ſacrée
Pour ſecret diuin incogneu,
Cinq mille hommes de compagnée
Cinq pains, deux poiſſõs ont repeu.

Qu'vne femme de loing venuë
Ayant touché ſon veſtement,
Auſſi toſt fut ſaine renduë,
L'appellant CHRIST *publiquemẽt.*

De guarir toute maladie
Ce ſont ſes plus moindres effects:
Car les morts meſme il viuifie,
(Diſoit il) & leurs membres ſecs.

Ses propos ſont autant d'oracles,
Et ſe fait cognoiſtre en tout lieu

Pour CHRIST par les demoniacles:
Bref croire en luy c'est don de Dieu.
Iean donc apres quelque parole
Tousiours vers IESVS retournoit,
Et laissant par fois son eschole,
Ces Dames souuent visitoit.
Ses autres freres les Apostres
De les visiter ne manquoient,
Ainsi les vns apres les autres
Leur presence contribuoient.
L'vn disoit par grande merueille
Auoir veu marchant sur la mer
IESVS fort prés de leur nacelle;
Et Pierre auec luy cheminer:
Autrefois l'vn d'entre eux declare,
Qui les venoit pour visiter,
Auoir veu le nommé Lazare
Quatre iours mort, ressusciter:

Que ſes deux ſœurs Marthe & Marie
Leur frere viuant ayans veu,
D'vne voix de remors ſuiuie
L'auroiẽt pour le Chriſt recogneu.
O Dames (diſoit-il) heureuſes,
Cette Marie larmoyant
Verſa des odeurs pretieuſes
Sur luy, ſes cheueux l'eſſuyant:
Iean de retour vers les MARIES
D'vn viſage triſte & changé,
Leur dit en ces mots les folies
Que les Juifs s'eſtoient forgé.
Qu'vn iour IESVS rendant la veuë
A l'Aueugle né, l'on veit lors
Vne multitude incogneuë
Voulant ſe ſaiſir de ſon corps.
Qu'ils ont tenu des aſſemblées
Pour le vouloir faire mourir:

Mais quoy qu'il sçache leurs menées
Il se resoult de mort souffrir.
Souuent il dit des paraboles
Qui nous rendent tous estonnez:
Entende (dit-il) mes paroles
Qui voudra, ce sont mots sacrez.
Les paroles du fils de l'homme
Qu'il nous a souuent proposé,
Entre nous il n'y a personne
Qui les puisse auoir exposé.
Toutefois laissant sa presence
Presentement m'a reuelé
Qu'orphelins pendant son absence,
Ne serions; & ne m'a celé
Que l'Esprit du grand Dieu son Pere
Nous sera par luy enuoyé
Pour guider nostre vie entiere,
Et que nul sera fouruoyé.

Que nous ſouffrirons des triſteſſes
Dont le monde s'eſiouïra,
Conuerties en allegreſſes,
Que ſon ſainct Eſprit benira.
S'il fault donc pour ſon nom (ô Dames)
Et pour ſa loy la mort ſouffrir,
Nous receurons autant de palmes,
La mort nous eſt vn doux ſouſpir.
Si les Prophetes pleins de grace
Ont eſté tuez des Juifs,
Cela, ſeruira de preſage
A nous, ſi nous ſommes occis.
Je ſuis aymé de mon bon maiſtre,
Et de bon œil il me reçoit,
Par fois il m'a bien fait paroiſtre
Que ſon amour il me donnoit.
Ces propos dits, Iean de viteſſe
Voulut aller IESVS reuoir,

Mais ſa bonne mere eut l'adreſſe
De l'arreſter pour tout ſçauoir.
Et comme l'on voit la Nature
Planter au cœur la pieté
Dés le naiſtre, qui nous procure
Ses ſemences d'humanité :
Ainſi les cœur des trois MARIES
Trembloient, naurez de charité,
Ayans ouy les Propheties
Puisées de la verité.
Sa mere donc prent la parole,
Et luy repliquant, dit ces mots,
Vraymēt mon fils tu nous conſole
De beaux & ſpecieux propos :
Nous n'ignorōs point qu'à toute heure
Nous approchons de noſtre fin,
Mais ſouhaitter auāt qu'on meure
La mort, c'eſt vn pauure deſſein.

Jean feit vne responſe digne,
Et telle ſa replique fut :
Que ſouhaitter ſa mort eſt crime
Au deſeſperé de ſalut :
Et reſolution diuine
De ſe reſoudre à bien mourir :
Que celuy qui par Chriſt chemine
Ne peut touſiours que bien finir.
De pareils mots la conference,
Et autres longs à reciter,
Met leurs eſprits en patience,
Et Jean eut loiſir s'en aller.
A l'arriuée il veit ſon maiſtre :
Et deſia le iour bruniſſoit,
Faisãt troupeaux d'aſtres paroiſtre
Que de ſuitte en ſuitte amenoit :
Quand ſa prouidence celeſte
Apres auoir à Jean fait voir

Au doigt Judas, traiſtre funeſte,
Et ſa fin au cœur conceuoir;
Se ſentant preſſée d'angoiſſes,
Mena ſes Diſciples au lieu
Où Judas ſçauoit les addreſſes,
Lors qu'il faiſoit priere à Dieu.
Il eſt donc pris à main armée,
Lié, battu, fort outragé
En ſon chef, ſa face ſoüillée
De ſang; En fin il eſt iugé.
On luy met vne Croix peſante
Qu'on luy fait à peine porter:
Ha Dieu! ma voix deuiẽt trẽblãte
Quand ie penſe tout raconter.
O Dames ſainctes, mon attente
Attend de vous vn prompt ſecours:
C'eſt faict, ma plume eſt ſi peſante
Que ſon vol prend vn autre cours.

Vous voyez (Mere de clemence)
Le default fait en ce recit
De n'auoir depeint l'insolence,
Qu'à vostre fils IESVS *l'on fit.*
D'Anne, Caiphe, & de Pilate,
D'vn peuple les propos tenus,
Et auoir obmis à la haste
Les responses du doux IESVS.
D'autre part voyez la foiblesse
De ma parole & de mon cœur:
Vous iugerez trop d'hardiesse
A moy d'en estre l'Orateur.
Mon dessein comprent vos loüanges,
Et ne peut pas voler si hault,
Ne dire choses si estranges,
Dont le ciel tesmoin en tressault.
Je viens au point de vos merueilles,
Et lors que le bruit s'espandoit

En la ville : grandes nouuelles
Qu'vn iuſte l'on crucifioit.

Au bruit de ce peuple on s'appelle
L'vn l'autre, on ſe pouſſe, l'on cour,
Et comme vn torrẽt d'eau s'eſueille
Qui ſe desborde tout à coup :

A ce bruict la Vierge ſortie
De ſa maiſon ſçeut pour certain
Que IESVS finiroit ſa vie
Entre tout ce peuple inhumain.

De loing ſuiuant la populace
Auec ſes deux ſœurs, s'informoient
De leurs enfans, en quelle place,
Et en quel lieu les trouueroient.

Jean donc rencõtrant ces trois Dames,
Leur dit ce qui s'eſtoit paſſé,
Les conſole auec chaudes larmes,
Monſtrant IESVS en Croix dreſſé.

La Vierge eſtant de pleurs moüillée,
S'eſuanoüit tout à l'inſtant,
De ſes deux ſœurs toſt releuée,
S'approcha de la Croix, diſant :
Faut-il (mon fils) ma chere vie
Que pour auoir touſiours biẽ faict,
Ie voy' ainſi ta fin remplie
D'vn ſi triste & tragicque effect.
Helas ! ie voy ton innocence
Enuiée cruellement,
Et l'enuie auoir la puiſſance
D'oster ta vie iniustement.
Helas ! ie demeure orpheline,
Et en merueilleux deſarroy ;
Entends ma voix (ame diuine)
Et me faits mourir auec toy.
Ces mots finis , IESVS *incline*
Son chef bien bas, pour s'efforcer

De faire ouyr sa voix diuine,
Ne pouuant qu'à peine parler :
Luy dit, en luy voulant complaire,
Femme reçois Iean pour ton fils :
Puis dit à Iean, Voila ta Mere,
Tu es de mes plus fauoris.
Et comme on voit la clarté clere,
A qui nourriture default,
Peu à peu quitter sa lumiere,
Et qu'à la fin finir luy fault :
Ou comme l'on voit d'ordinaire
Vn feu mourir souuentefois
De son gré, qui n'a de matiere,
Ou quand il a manque de bois.
Ainsi le corps de son Altesse
Manquant peu à peu de vigueur,
Fut en fin forcé de vitesse
Rendre l'esprit de mort vaincueur.

L'on euſt veu lors de dueil ces Dames
De ſouſpirs, & gemiſſemens
Arroſer la terre de larmes,
Et Iean & autres là preſens.

Si ie voulois ne rien obmettre
De ce qui de leur voix ſortoit,
C'eſt vn impoſſible promettre,
Et pluſtoſt mon cœur defaudroit.

Car ſi d'vn coſté Magdelaine
Redoubloit ſes cris triſtement.
Jà fonduë en pleurs, hors d'haleine
Accouruë au commencement.

De l'autre part les trois MARIES
Et Iean außi tant lamentoient,
Que leurs larmes enſemble vnies
Des fontaines viues faiſoient.

Et quoy qu'vne nuict tres obſcure
A l'inſtant eut le iour ſaiſy,

Presage de chose future,
Pour s'estre en moment obscurcy ;
Toutefois leur regret extréme
Ne cessa point ; En fin voyans
Le bon Ioseph & Nicodéme
Apporter linges & vnguens,
Renouuelerent leur complainte,
Et le descendans de la Croix
Disoient ; Sa vie estant si saincte,
Son nom viue en nous, & ses loix.
Puis son corps diuin embaumerent
D'odeurs & d'vnguens pretieux,
Et au sepulchre le porterent
Auec regrets tracez des yeux.
Ces choses donc considerées
Par les MARIES *ardemment,*
Prés le sepulchre desolées
Y demeurerent longuement.

Jean plus vigoureux à la peine,
L'vne apres l'autre retiroit,
Pensant sa retraitte certaine
Plus esloignée il la voyoit.
L'vne en profonds soupirs s'atache,
Et ainsi vers soy l'attiroit :
L'autre à son deüil la bride lasche
De la mort saisie sembloit.
Tant de neiges ne s'esparpillent
Par l'air la terre enfarinans,
Que leurs yeux de larmes distilent
Goutte à goutte s'entretenans.
Je ne descris point l'esperance
Que Iean *tousiours leur promettoit,*
Ny les paroles de constance
Que sa bouche leur enseignoit.
Il fut en fin forcé d'attendre,
Car de Iesvs *la charité*

Ne se peut pas si tost comprendre
Par nostre pauure humanité,
Mais lors la Vierge tres sacrée
Ioignant ses sens à la raison,
Attire à soy la compagnée
Par Iean conduitte en sa maison:
Où estant à part retirée,
Tousiours le flatteur souuenir
Deuant ses yeux en la pensée
Luy faisoit IESVS reuenir:
Elle adoroit sa viue image,
Que personne encor ne voyoit,
Son propre corps, son doux visage
Parmy l'air s'esuanoüissoit:
A l'instant vestu d'vne nuë,
Et tost apres d'vne clarté
Paroissoit en forme incogneuë
En sa propre diuinité.

De ceste veuë consolée
La Vierge, & l'esprit visité
Cueilloit la diuine rosée
Comme les espis en esté.
Tandis Jean trauailloit sans cesse
De consoler d'amour bruslant
Les deux MARIES *de promesse*
Que IESVS *leur faisoit, disant :*
Ie veux que nous pleurions (ô D*ames)*
Celuy qui estoit nostre mieux ;
Mais pour vray tenõs en nos ames
Qu'il sera à nous aymer soigneux :
Puis que sa mort est arriuée
Telle qu'il nous l'a figuré,
Jl est vray, c'est chose asseurée
Que sa mort est œuure sacré.
Nous sçauons que sa saincte vie
Estoit vn oracle en tout lieu :

Croyons

Croyons aussi sans flatterie
Sa mort vn miracle de Dieu.
Si mon bon maistre a donné vie
Aux morts par miracle certain;
C'ét effect diuin nous conuie
D'esperer vn salut prochain.
Sa mort se verra conuertie
Bien tost en quelque changement:
Car il faut que sa prophetie
S'accomplisse eternellement:
Ses promesses ne sont tardiues,
Ne ses graces pareillement:
Que nos ames soient attentiues
A l'aymer amoureusement.
Et comme la vertu s'arreste
Sur quelque vertueux penser,
Tout subject d'action honneste
Embrassant pour Dieu n'offencer:

Ainsi de ces paroles sainctes
Ces deux meres se consoloient
Du souuenir present attaintes,
Au ciel souuent leurs yeux leuoiēt :
Et jà la nuict ainsi passée
Ses aisles brunes replioit,
De son manteau noir fatiguée,
Le iour du Sabbat paroissoit.
Ce iour fut vn champ de matieres
Donnant subiect à leurs propos
Plein de souhaits, de vœux, prieres,
Que l'on nommoit iour de repos.
L'on voyoit aux Dames paroistre
Le deüil, & le bruit de leurs pleurs,
Leur frōt baißé, de leurs yeux croistre
Les ruisseaux d'ardentes douleurs.
Iean resistoit à l'infortune
Au mieux que faire le pouuoit,

Et tousiours sa voix importune
D'vn secours prompt les asseuroit.
Mais lors qu'il abordoit MARIE,
La mere de CHRIST *le Sauueur,*
Quoy que de plorer eut enuie,
De sa douleur sortoit vaincueur,
A*ussi le secours tant celeste*
Que cette Dame receuoit,
Ostoit toute douleur funeste
A celuy qui la regardoit.
Ce qu'ayant cogneu Iean, s'aduise
De faire les sœurs appaiser
Par cette Vierge, & leur deguise
Le moyen de leur deüil cesser:
D'abord ces D*ames tres-dolentes*
Faisoient estat de bien pleurer,
Cuidans en estre plus contentes,
Et ainsi leurs cœurs descharger.

Or tout autrement il arriue,
Car tout à coup, & tout ſoudain
Vne conſolation viue
Saiſit leur mouuement humain.
Ce grand œil diuin qui conſole
La Vierge, ſe fait incogneu,
Comme il veut, touche leur parole,
Et la guide ſans eſtre veu.
Leurs larmes deſlors s'eſſuyerent,
Leurs pleurs quiterẽt leurs vaiſſeaux,
Et leurs ſens humides laiſſerent
La place vuide de leurs eaux.
Ce qui feit ce faict admirable,
C'eſt que ſe voulans conſoler,
S'excita propos tout ſemblable,
Et meſme ſubiect de parler.
Iean qui voyoit cette merueille,
Loüoit ſon Dieu de tout ſon cœur:

Il voit sa mere qui s'esveille
Du profond sommeil de langueur.
Et puis ces Dames embarquées
En propos, pour bien discourir,
Et presque ressuscitées
Du mal qui les faisoit perir.
Il entend, & par fois s'auance
De respondre au subiect choisi:
Je ne puis taire vne excellence
De son discours qu'il dit ainsi.
C'est bien vne grande misere
A celuy qui voit seulement
Le Soleil: & de sa lumiere
N'en iouyt point aucunement.
Tel est celuy qui dit cognoistre
Le vray Sauueur, pour l'auoir veu:
Et ses Loix fuit, & ne veut estre
Son vray Disciple recogneu.

En cette façon la iournée
Se passe: & jà la Vierge fut
De l'esprit du Sauueur pressée
Tant que chacun le recogneut.
Ainsi seule à part en priere
IESVS le Sauueur reclamoit,
Et d'vne inuisible lumiere
Se trouuant remplie, disoit:
Vos enfans, Sauueur, vous demãdent,
De vos promesses asseurez,
Au secours promis ils s'attendent,
Et que ne les delaisserez.
Ie consacre icy mon silence,
Vray tesmoing de mon zele ardẽt,
(O Vierge) pour l'insuffisance
De mon langage impertinent.
Ma pensée imaginatiue
S'esloigne fort en ses chemins,

Lors qu'elle ſe rend attentiue
D'eſcrire vos propos diuins.
Heureuſe l'ame & la pensée
A qui vous voudriez reueler
Ce que ſa preſence ſacrée
Ne vous a voulu lors celer.
O Vierge vous voulez ces choſes
Non compriſes du ſens humain,
Et que vos paroles ſoient cloſes
Au ſecret du Verbe diuin.
Je n'ay pensé ce point atteindre,
Ce ſeroit en vain trauailler:
Ce que ma plume a peu depeindre
C'eſt le vray-ſemblable parler.
Tandis donc toutes les ſemonces
Que la Vierge au Sauueur faiſoit,
Et de luy les contreresponces,
Lors que ſon propre corps mõtroit.

Magdeleine auec les MARIES
Firent vn amas de senteurs,
Conspirans aller bien munies
Remplir le Sepulchre d'odeurs.
Adonc auant iour s'en allerent
Au sepulchre, & par le chemin
Bien empeschées se trouuerent
Pour executer leur dessein.
Car pensans estre trop debiles
De leuer la pierre de l'huis,
Que des hommes forts & habiles
Auoient à grande peine mis:
Elles discouroient la maniere
Qu'elles tiendroient, où arriuans
Virent cette pierre en arriere,
Et dans le sainct sepulchre entrans,
Deux Anges du ciel s'apparurent
Preschans IESVS ressuscité,

Et incontinent recogneurent
Que c'estoit pure verité.
Voyans de leurs yeux leur bon maistre
IESVS CHRIST, le Sauueur viuāt,
Et l'adorans se fit cognoistre
A son parler, leur commandant
De dire aux Disciples ses freres
Que IESVS le Sauueur viuoit:
Et ainsi furent messageres
De la voix qui tout inspiroit.
Cette nouuelle inopinée
Le cœur des Disciples saisit,
Et à la Vierge reuelée
Son cœur de ioye s'en ouurit.
Et comme apres vne amertume
Qu'vn cœur a longuement receu,
Par autre habitude & coustume
Le miel est plus doux recogneu.

Ou comme vne ame tourmentée
Des premiers maux, ſenſiblement
Se laiſſe amorcer, agitée
Du bien receu abondamment:
Ainſi la nouuelle receuë
Apres tant de trauaux paſſez,
Leur peine ſe rend incogneuë,
Et leurs maux du tout effacez.
Or apres le peu de creance
Qu'à cete nouuelle ont porté
Les diſciples, par la preſence
De leur maiſtre ils n'õt point douté.
L'on voyoit lors les bons Apoſtres
Venir les trois ſœurs saluër,
Ores les vns, ores les autres
Les faicts du Sauueur expliquer:
Mais tous s'accuſoyent d'ignorance,
Voyans ſa reſurrection,

Leur ayant auec aſſeurance
Predit auant ſa paſſion.
Et leur parlans des choſes veuës
Qu'il fait eſtant reſuſcité,
Font veoir ces choſes aduenuës
Pour ſauuer noſtre humanité.
Encor' aux dames repreſentent
L'auoir touché, puis veu manger:
Et que ſon ſainct Eſprit attendent,
Et ſa vertu, pour les guider.
Pour mieux le veoir en Galilee
Ils prient les Dames d'aller
Où tous ceux de la compagnee
Deliberoyent de s'aſſembler.
Ces Dames donc preſtans l'oreille,
De ſouhaits contentes viuoyent,
Et d'vne ioye non-pareille
Ieſus le Sauueur inuocquoyent.

Au lieu designé se rendirent,
Où leurs oraisons ayans fait,
IESVS face à face elles virent
En son propre corps bien parfait.
Là le beau Soleil de sa face
Les trois Dames illuminoit
Par l'influence de sa grace
Qui de son souffle doux sortoit.
Là les paroles amiables
Sortoient de sa diuinité,
Et comme ruisseaux desirables
Decouloient de l'eternité.
Là l'aymé Jean, Iacques & Pierre,
Tous pensifs de la vision
Qu'ils auoient eu tombans en terre
En sa transfiguration,
Tenoient leur ioye & peur liées
Estroittement dedans leur cœur,

Oyans les paroles ſacrées,
Et les doux propos du Sauueur.
Là ſe mettoient en euidence
Les meſmes propos que tenoit
Sa tres-honorée excellence
Lors qu'auecques eux conuerſoit.
Là des Treſors de ſa prudence
Les Apoſtres furent repeuz,
Jamais tels dons de ſapience
Sur la terre ne furent veuz.
Cette action ainſi paſſée,
Chacun ſa priere faiſoit,
Et IESVS *de ſa main ſacrée*
Son humble troupeau beniſſoit.
Leurs prieres adonc receuës,
Ayant le tout paracheué ;
En perçant les antres des nuës
Dedans les cieux fut enleué.

Si cete joye vous fut telle
Que iamais plus grande ne fut,
O Dames, que ie chante celle
Qu'aussi tost vostre cœur receut,
Lors que cette toute puissance
De Jesus Christ eut ordonné
Tost apres sa diuine absence
Que son sainct Esprit fut donné.
Et d'autant que rien de semblable
Les siecles passez n'ont cogneu,
Et qu'en vostre gloire admirable
Ces faicts arriuez auons veu:
Inspirez moy (Dames aimables)
Et mon ignorance esleuez,
Et mes vers soyẽt autant durables
Qu'eternellement vous viuez.
De depeindre l'esiouyssance
Qui fut rendue dans les cieux.

Par l'eternelle prouidence
A Iesus son fils glorieux.
Les cieux & les esprits celestes
La chantent encor maintenant
Par leurs mouuemẽts & leurs gestes:
C'est donc vn fait du Firmament:
Nos voix & nos bouches beantes
S'attacheront à contempler
Les dons & vertus excellentes
Dont il feit son nom pulluler.
Desia la terre glorieuse
D'auoir receu cette faueur,
De se nommer la planche heureuse
De porter le corps du Sauueur,
Sembloit resentir son dommage
Priuee d'vn si doux fardeau,
Et vefue d'vn si grand naufrage
Attendoit son Chaos nouueau.

Mais Nature toute riante
A cette insensibilité
Rendit sa face plus plaisante
Conuertie en fertilité.
La parole & son souffle volent
L'animans d'vn siecle nouueau,
Et les souspirs des vens l'accolent
Comme esprit, en feu clair & beau.
Se voit la maison destinée
Où ses fauorits l'attendoient
Auec la Vierge accompagnée
Des MARIES qui l'imploroient.
Alors son feu plus grand s'excite,
Et tout à coup en vn moment
Il les saisit à l'improuiste
D'vn son roüant cõme vn fort vẽt.
Ce feu iadis tant inuisible
Comme de langues paroissoit

Departies, feu ſi viſible
Que ſur vn chacun ſe poſoit.
Son eſclair iuſqu'en l'ame touche
Et gaigne les cœurs ſi auant,
Que leur voix ſortãt de leur bouche
Feit l'amour diuin feu plaiſant.
Il donne à tous ſa ſapience,
Conſeil, force, & entendement,
La pieté, crainte & ſcience,
Et les partage eſgalement.
S'il faut, ô Vierge, que ie chante
Les dons qui vous ſont aduenus,
Vous eſtes de ma Muſe exempte,
Ces dons vous ont ja preuenus.
Ainſi l'a voulu l'ordonnance
Celeſte du grand Dieu benin,
Que fuſſiez dez voſtre naiſſance
Parfaicte en ſon amour diuin.

Deslors du Sainct Esprit remplie
Tout ce que son vouloir vouloit
Pour rendre vostre ame accomplie
De tous ses dons, il le faisoit.
Puis que vous estiez la colombe,
Et la toison de Gedeon,
Cette verge d'Aaron feconde,
Et le vaisseau d'eslection.
Ces signes estoyent les figures
De vostre grande pureté,
Et de ses dons les portraittures
Dont Dieu vous a fort visité.
Le serpent a senti la force
Que l'Eternel a mis en vous,
Son orgueil, sa teste, & amorce
Ont esté brisez & dissous.
Cette Sapience infinie
Tesmoignant vostre humilité

S'est auec le conseil munie
De crainte, & de la pieté.
Si ie dis qu'en vostre partage
Outre ces dons desia conquis,
Le ciel vous fut donné pour gage,
Je ne puis en estre repris.
Que le Soleil par don celeste
Couronna lors de ses rayons
Vostre chef & sacree teste,
Nous le croyons, & n'en doubtõs.
Que la Lune fut destinee
Donner à vos pieds sa splendeur,
Lors qu'en corps & ame esleuee
Auez esté, ce n'est erreur:
Tous vos chers fauoris le croyent,
Et qu'estes la Royne du Ciel,
Qu'apres vostre fils ils ne voyent
En ce monde rien de pareil.

Ie ſçay que ma plume n'eſt digne
D'eſcrire ce qu'en vous paroiſt:
Mais iugez (Vierge) qu'vne ligne
D'vn poinct adiouſté ne ſe croiſt.
Si du recit de vos merueilles
Se gaignoit l'incredulité,
I'ay aſſez de paroles telles
Pour la vaincre auec verité.
Je deſcrirois choſes eſtranges
Faictes lors de voſtre treſpas,
L'office & le debuoir des Anges
Qu'ils vous ont rendu icy bas
Par tranſpoſitions diuines
Des Apoſtres à voſtre mort,
Leur rendans les nuës benignes
Pour voir voſtre dernier effort.
Mais quoy? c'eſt d'vne mer profonde
Tirer de l'eau pour l'eſpuiſer:

Tarir vne ſource feconde
Goutte à goutte, c'eſt s'abuſer.
Puis doncqu'vne ame eſt eſgarée
L'infiny borner preſumant,
Viuez Muſe tres-honorée,
Vn point de ſes honneurs chantãt.
Volez plus bas dedans le Temple
Pour voir Marie Salomé:
Le ſubject en eſt aſſez ample,
Pair à Marie Cleophmé:
Si l'vne ſe plaint & lamente,
De Iacques ſon fils decolé,
L'autre toſt apres ſe tourmente,
Et a l'eſprit tout deſolé,
Pour auoir receu les nouuelles
Que Iude & Simon ſes enfans
Auoient ſouffert des Infideles
La mort pour la loy combatans.

La Vierge ſçeut par occurrence
Ce bruict, & ſes ſœurs embraſſant,
Leur fit voir comme ſa preſence
Peut vaincre tout ennuy cuiſant ;
Elle n'eut pas beaucoup de peine
D'oſter l'ennuy qui leur nuiſoit,
Elle eſtoit la meſme fontaine
Que iadis tant on renommoit.
Sa face amenoit l'oubliance
De tous ennuis, comme vn Soleil
Chaſſe-tenebres d'influence
Flattant les peuples de reſveil.
Tout cede à ce ſacré viſage,
Car c'eſt le miroir du Sauueur,
Qui metamorphoſe l'vſage
Né naturellement au cœur.
Conioinctement ſes yeux pudiques
Comme miroirs de Dieu luiſoient,

Chassans les pensées iniques
De tous ceux qui les regardoient.
Ainsi d'vn mesme vœu ces meres
L'vne à l'autre representoient
Les persecutions ameres
Que leurs enfans leur predisoient.
Et comme vne playe pareille
Doit auoir vn esgal secours,
Aussi la guerison fut telle
Qu'elles n'ont eu d'autre recours.
Qu'au sainct Esprit, esgal au Pere,
Et à Dieu le Sauueur son fils,
Lequel au secours de sa mere
Voulut que leur cœur fut soubmis.
Le don de constance en partage
Aux deux sœurs MARIES *donné*
Parut alors dans leur courage
Contre le sort predestiné.

La force donnoit reſiſtance,
Et à la douleur s'oppoſoit,
Le conſeil joinct à la ſcience
A la pieté s'attachoit.
En fin la foy & l'eſperance
S'eſtans de leurs deux cœurs ſaiſy,
Chaſſerent auec violence
Le deüil, l'ennuy, & le ſoucy.
Lors leurs cœurs remplis de victoire
Acquiſe en ce pieux combat,
En rendirent à Dieu la gloire:
Deſlors leur deüil fut vn eſbat.
Leurs peines au monde infinies
Leur furent vn doux paſſe-temps:
Ainſi leurs iours pouſſẽt leurs vies,
Ores d'vn doux, or faſcheux tẽps.
Ce fut alors que de la gloire
De la Vierge veufues eſtans,
L'ennuy

L'ennuy de ſa douce memoire
Leur cauſoit des regrets cuiſans.
De ſuruiure cette excellence
Leur cœur ſembloit les abuſer,
L'eſpoir promettant deliurance
Prompte cuidoit leur refuſer.
Puis en deuotion plongées
Leur eſprit cueilloit des douceurs
Spirituellement données
Qui leur arrachoient les douleurs.
Aux lieux où leurs pas les conduiſent
Touſiours leur penſer ſe fait vain:
Puis leurs regrets ſe conuertiſſent
En vne ioye tout ſoudain.
Tantoſt priſonnieres de peine
Inuoquoient leur chere moitié,
Qui au ſommeil doux les ameine,
Leur preſentant ſon amitié.

Puis les console & les asseure
Qu'elle presente en tous les lieux
Sera iusqu'à la derniere heure:
Et les conduira dans les cieux.
Ce disant, l'vne & l'autre embrasse,
Et comme elle veut s'envoler
Au resveil leur esprit se lasse
D'embrasser l'ombre, & l'accoler.
Elles sembloient estre deliures
Du corps qui leur esprit tenoit,
Et pensoient estre toutes libres
De suiure celle qui voloit:
En elles en fin reuenuës,
Remplies d'admiration,
Ont creu ces choses aduenuës
Pour croistre leur deuotion.
De cét amour ainsi parfaites
Fõt leurs voyages aux saints lieu

Où jadis preschoient les Prophetes
Annonçans la gloire des cieux.
Le mont Carmel elles visitent,
Ou par les endroits de ce lieu
Qui se frequentent & habitent
Elles faisoient leurs vœux à Dieu.
Leurs vœux produisoient des semences
Tant fecondes en pieté,
Que là decouloient les essences
De durable felicité.
Et là les fondements se iettent
D'vne si grande pureté,
Que plus les deux sœurs s'y arrestent
Plus s'y plante leur charité:
Soit que la Vierge y fut allee
Au parauant auec ses sœurs,
Et qu'en ce mont fut exhalee
Sa flamme diuine en douceurs.

Deslors ceux qui au mont arriuent
Sont de leur amour inuestis:
Rien qu'amour diuin ne respirent
Du monde immonde diuertis.
Là tous les esprits se resueillent
A suyure de Jesus les loix:
Ses propos diuins se recueillent
Qu'ils ont entendu de sa voix.
Là les fidelles d'vne esgale
Charité, & mesme sentiment
Sont poussez d'vne cordiale
Vnion, & consentement.
Sa grace est en ce mont chantee,
La victoire acquise en sa croix:
Sa resurrection preschée
Par leurs deuotieuses voix.
Lors ce troupeau se multiplie
D'ames promptes à seruir Dieu:

A cette fin on les publie
Religieux de ce sainct lieu.
Les habitans de Samarie
Voisins de ce mont de Carmel,
Sont blessez en leur fantaisie,
Cõme aussi ceux du mõt de Bet-hel.
Ils pensent les ames d'Elie
Et d'Helisée estre en ces lieux,
Leur venuë d'autres suiuie
Pour leur faire quiter leurs Dieux.
Ils remettent en leur memoire
Ce manteau fendant le Iourdain,
Ce baston dont ils faisoient gloire
De donner santé tout soudain.
Leurs Jdoles en Dieux portraittes,
Dont si grand estat ils faisoient,
Minutans ailleurs leurs retraittes,
Pour ce subiect se mutinoient.

Les affligeans de maladies,
D'infortunes & d'accident,
Par les Religieux guaries
Au nom de Christ en vn moment.
Aucuns rauis de cet exemple
Quittent & delaissent leur loy,
Abandonnãs leurs dieux & tẽple,
Pour suyure la celeste foy.
Les vns en ce mont file a file
Se joignent au sacré troupeau:
Ce rocher dans leurs cœurs distile
Son feu diuin plaisant & beau.
O grand miracle de nature
Qu'vn si hault & si grand rocher
Prepare ainsi la creature
A ramolir des cœurs d'acier
Que l'antiquité fabuleuse
Cognoisse à present ses erreurs.

La voix d'vne Circé trompeuse
Confonde auec ses enchanteurs.
Que ceux qui par vers & par rime
Ont faict Vlisse decharmant
Soy, & les siens d'vne racine
Et Orphee bien plus puissant.
Vn Astolphe plein de merueilles,
Mercure en sa contrepoison
Et d'escripts remply les oreilles
Dechantent tous auec raison.
Et recognoissent la puissance
Que Dieu a fait naistre en ces lieux
Par la douceur & excellence
De ces trois Dames en leurs veux.
Et que les Poëtes contemplent
Ce mont pour brusler leur douleur
Qu'auec souspirs leurs escrits vãtẽt
Qu'vne dame a blessé leur cœur.

Leur Muse alors quoy qu'empennée
S'enflammera d'vne autre ardeur
Perçant ce feu, toute esleuée
Reprendra nouuelle vigueur.
Et si leur plume trop charmée
Ne cesse encor de souspirer:
En ce mont la Vierge sacrée
La fera chaste respirer.
Et jà plus leur ame brutale
Ne souhaitt'ra d'estre Ixion,
Or' vn Sisiphe, or' vn Tantale
Pleine d'imagination.
Ains de feu leurs aisles ardentes
Combattront le vice, & les ans,
Rendans à Dieu leurs voix sonãtes
Aux Roys, Roynes, à leurs enfans.
Ce grand œil qui conduit & chasse
Les chantres selon son pouuoir,

Face un eschange de Parnasse
Au mont Carmel à son vouloir:
Et qu'en perdurable memoire
De cét ouurage, l'vniuers
Chante des trois Dames la gloire
Par cét escrit mis en huict vers:

En ce rocher les noms des ames
Ainsi qu'au liure des viuans
Serõt grauez par les trois Dames
S'ils sõt de leurs noms biẽveillás:
La Vierge apres Dieu la premiere
En a jetté les fondemens,
Du mõt Carmel parfaite ouuriere
Et ses sœurs tous les cõplimens.

Suiuez mon ame ces merueilles,
Excitez mon entendement
A comprendre choses si belles
Des Anges le contentement,

Qui rauis de leur Royne aimee
Un mot apres l'autre pillans,
Postes de legere volée
Sont sur ce mont les publians.
Leur voix s'estend, se porte, & vole
Où il plaist à Dieu qui tout void
Depuis l'vn iusqu'en l'autre pole
Où tout cœur deuot la reçoit.
Dont estonnez les Rois & princes,
Pour rẽdre aux trois dames l'hõneur,
En abandonnant leurs prouinces
Consacrent dans ce mont leur cœur.
Leurs noms iamais en l'oubliance
Enseuelis ne se perdront:
Les ans roulez par l'inconstance
Leurs loüanges ne terniront.
Si l'on pouuoit de suitte en suitte
Depuis tant de siecles passez,

De leurs noms en faire vne liste
Pour les rendre immortalisez.
Mes vers seroient de leurs loüanges
Trompettes & sacrez Herauts :
Mais d'entrer au compte des Anges,
Et leur faire veoir nos defauts
D'vn mesconte. O heureuses Dames
Releuez nos infirmitez,
Qui doucement trompent nos ames
Aux nuages d'obscuritez.
L'eternité qui tient le compte
Des mortels iusqu'au plus petit
Vous a donné ce qui surmonte
Toute memoire & tout escrit.
Le nombre de tous vos fideles
Vous est ainsi tousiours present,
Et de vos douceurs eternelles
Tout ce bas monde s'en ressent.

Vos fauorits leurs bras vous tendent,
Ils portent vos noms en leur cœur :
Faites dõc que vos yeux leur rẽdẽt
Le promis durable bon-heur.
Cette mienne Muse Françoise
Vous prie en faueur des saints Rois
Vos enfans de race Gauloise,
D'ouyr de leurs peuples les vois,
Vous auez conduit leur sainct zele
En cette terre du Seigñeur,
A cause que d'vn cœur fidele
Ils ont seruy vostre grandeur.
Vous auez rendu leur armee
Victorieuse en ces saincts lieux,
Et faict que la foy s'est plantee
Par nos François victorieux.
Et auez pris de leur Couronne
Vn soing precisément soigneux :

En effect celuy qui s'adonne
A vostre amour est trop heureux.
Auguste Roy & debonnaire,
Et le pere de tous nos Roys,
Ma Muse ton nom ne peut taire,
Patron & support des Françoys:
Car en faisant voir la puissance
De ces trois Dames de renom
Qu'en toy ont fait reluire en Frāce
Soubs la faueur de ton sainct nom.
Il faut, grand Roy, qu'elle te nomme
LOVYS le premier des saints Roys,
L'Eglise ce tiltre te donne
De sainct protecteur de ses Loys:
Qui tiens la neufiesme place
Du nom qui honore mon Roy,
A qui Dieu a fait cette grace
De porter mesme nom que toy.

Plus de trois cens ſoixante années
Se ſont paſſées, quand tu feis
Ton voyage auec tes armées
Au mont Carmel preſsé d'ennuis,
Tu feis traduire des Prophetes
De ce lieu parmy les François,
Et viure en actions honneſtes
Tous tes peuples deſſoubs tes loix.
Tu feis au nom des trois MARIES
Baſtir des Temples & autels;
Tes volontez ſainctes ſuiuies
Ont rendu tes faicts immortels.
Tu as veu les Ducs de Lorraine
Sur les circoncis nommez Rois,
Et toute la Judée pleine
De leurs lauriers marquez de crois.
Et comme vn Saule rejettonne
Tant plus il eſt couppé de fois:

Ainsi le desir t'esguillonne
De les voir encor' vne fois.
Mais, ô Astre du ciel, tes peines
Planterent ta felicité
Pour seconde fois dans les plaines
Des cieux & de l'eternité,
Où tu vis ; d'où tu vois ta race
Royale en ieunesse fleurir,
Qui de ta sainctete la trace
Veut en nous gouuernant tenir.
En quelque part que la lumiere
Du Soleil se puisse montrer,
Vne ame en vertus plus entiere
Elle ne sçauroit esclairer.
Ton nom le sien luy sert d'exemple,
Tu es son Patron glorieux:
Aussi sa France le contemple
Comme vn grand Roy deuotieux.

Mon Roy, si ses œuures guerrieres
Sont paßées en pieté,
Ces trois Dames seront ouurieres
Des tiennes en felicité.
Tes faicts comme plumes d'Alcée
Donneront de l'eternité
A ton nom, & comme vn Orphée
Chacun suiura ta Majesté
En les inuoquant. Cette mere
Et Vierge presente, par tout
Engrauera le caractere
De ton nom pour venir à bout
De tes desseins. Alors l'Eglise
Par son oraculeux aduis
Te nommera en sa deuise
Grand Roy, le secõd saint LOVYS.

L. D. V: M.

Approbation des Docteurs.

NOVS soubssignez Docteurs en la faculté de Theologie de l'Vniuersité de Paris, certifions auoir veu & leu ce petit liure intitulé, *La vie contemplatiue des trois Maries, dediée à la Royne, & composee par François Garreau Conseiller du Roy, & Substitut de Monsieur son Procureur general*, & asseurons n'y auoir rien trouué qui repugne à la Foy, ny aux bõnes mœurs; ains auons iugé qu'il est non seulemẽt digne, mais profitable d'estre mis en lumiere, pour les bonnes & pieuses conceptions qui s'y trouuent. Faict à Paris ce vxj. May, mil six cens seize.

F. P. Courceles.

De Paris.

AVX POETES.

POETES, la Françoise rime
Ne loge dans vne prison:
La mesure nombreuse anime
L'esprit, le sens, & la raison,
Et non pas la longue estendue
Des derniers mots que choisissez,
Qui rendent vostre ame esperdue,
Et font vos esprits insensez.
En cherchant par dela le monde
Vne lettre pour mieux rimer,
Vostre cerueau pensif abonde
De fantosme pour s'abysmer.
Vous pensez auoir de la gloire
Quand par vn long-cuisant soucy

Vous tenez en main la victoire
D'vn mot de trois lettres farcy:
Tout au contraire, vostre peine
Languissante soubs ce labeur,
Rend vostre conception vaine,
S'enlaçant d'vn esprit resueur.
Souuent la prudente entreprise
De ce docte Harpeur Vandomois,
Fait voir la voye estre permise
A tous nos Poëtes François
De donner quelquefois le change
A la rime, & subiect choisi
De la poësie, & vn meslange
De vers rimez, sans rime aussi.
Voyez son Ode en la naissance
De François Dauphin de Henry,
Sa mesure vient en cadence,
Mais la rime ne l'a chery.

Si donc ma mesure s'accorde
En ces vers humbles & pieux,
Parlez à moy, & qu'on m'aborde
Sur ma rime, ie diray mieux.

ENIGME.

Ronsard m'a mis en main l'espée
Pour rendre ma rime empourprée.

www.ingramcontent.com/pod-product-compliance
Ingram Content Group UK Ltd.
Pitfield, Milton Keynes, MK11 3LW, UK
UKHW020328180726
13839UKWH00002B/593

9 782329 556918